HAWAIIAN RETIREMENT PARTY GUEST BOOK

LOVE PARTIES

GUEST NAME

_____

_____

PERSONAL MESSAGE

_____

_____

_____

_____

_____

GUEST NAME

_____

_____

PERSONAL MESSAGE

_____

_____

_____

_____

_____

GUEST NAME

_____

_____

PERSONAL MESSAGE

_____

_____

_____

_____

_____

GUEST NAME

_____

_____

PERSONAL MESSAGE

_____

_____

_____

_____

_____

GUEST NAME

_____

_____

PERSONAL MESSAGE

_____

_____

_____

_____

_____

GUEST NAME

_____

_____

PERSONAL MESSAGE

_____

_____

_____

_____

_____

GUEST NAME

_____

_____

PERSONAL MESSAGE

_____

_____

_____

_____

GUEST NAME

_____

_____

PERSONAL MESSAGE

_____

_____

_____

_____

GUEST NAME

_____

_____

PERSONAL MESSAGE

_____

_____

_____

_____

_____

GUEST NAME

_____

_____

PERSONAL MESSAGE

_____

_____

_____

_____

_____

GUEST NAME

_____

_____

PERSONAL MESSAGE

_____

_____

_____

_____

GUEST NAME

_____

_____

PERSONAL MESSAGE

_____

_____

_____

_____

GUEST NAME

PERSONAL MESSAGE

GUEST NAME

PERSONAL MESSAGE

GUEST NAME

_____

_____

PERSONAL MESSAGE

_____

_____

_____

_____

GUEST NAME

_____

_____

PERSONAL MESSAGE

_____

_____

_____

_____

GUEST NAME

_____

_____

PERSONAL MESSAGE

_____

_____

_____

_____

_____

GUEST NAME

_____

_____

PERSONAL MESSAGE

_____

_____

_____

_____

_____

GUEST NAME

_____

_____

PERSONAL MESSAGE

_____

_____

_____

_____

_____

GUEST NAME

_____

_____

PERSONAL MESSAGE

_____

_____

_____

_____

_____

GUEST NAME

_____

_____

PERSONAL MESSAGE

_____

_____

_____

_____

GUEST NAME

_____

_____

PERSONAL MESSAGE

_____

_____

_____

_____

GUEST NAME

_____

_____

PERSONAL MESSAGE

_____

_____

_____

_____

_____

GUEST NAME

_____

_____

PERSONAL MESSAGE

_____

_____

_____

_____

_____

GUEST NAME

_____

PERSONAL MESSAGE

_____

_____

_____

_____

_____

GUEST NAME

_____

_____

PERSONAL MESSAGE

_____

_____

_____

_____

GUEST NAME

_____

_____

PERSONAL MESSAGE

_____

_____

_____

_____

_____

GUEST NAME

_____

_____

PERSONAL MESSAGE

_____

_____

_____

_____

_____

GUEST NAME

_____

_____

PERSONAL MESSAGE

_____

_____

_____

_____

_____

GUEST NAME

_____

_____

PERSONAL MESSAGE

_____

_____

_____

_____

_____

GUEST NAME

_____

_____

PERSONAL MESSAGE

_____

_____

_____

_____

_____

GUEST NAME

_____

_____

PERSONAL MESSAGE

_____

_____

_____

_____

_____

GUEST NAME

_____

_____

PERSONAL MESSAGE

_____

_____

_____

_____

GUEST NAME

_____

_____

PERSONAL MESSAGE

_____

_____

_____

_____

GUEST NAME

_____

_____

PERSONAL MESSAGE

_____

_____

_____

_____

GUEST NAME

_____

_____

PERSONAL MESSAGE

_____

_____

_____

_____

GUEST NAME

_____

_____

PERSONAL MESSAGE

_____

_____

_____

_____

_____

GUEST NAME

_____

_____

PERSONAL MESSAGE

_____

_____

_____

_____

_____

GUEST NAME

_____

_____

PERSONAL MESSAGE

_____

_____

_____

_____

_____

GUEST NAME

_____

_____

PERSONAL MESSAGE

_____

_____

_____

_____

_____

GUEST NAME

_____

_____

PERSONAL MESSAGE

_____

_____

_____

_____

GUEST NAME

_____

_____

PERSONAL MESSAGE

_____

_____

_____

_____

GUEST NAME

_____

_____

PERSONAL MESSAGE

_____

_____

_____

_____

_____

GUEST NAME

_____

_____

PERSONAL MESSAGE

_____

_____

_____

_____

_____

GUEST NAME

_____

_____

PERSONAL MESSAGE

_____

_____

_____

_____

_____

GUEST NAME

_____

_____

PERSONAL MESSAGE

_____

_____

_____

_____

_____

GUEST NAME

_____

_____

PERSONAL MESSAGE

_____

_____

_____

_____

_____

GUEST NAME

_____

_____

PERSONAL MESSAGE

_____

_____

_____

_____

GUEST NAME

_____

_____

PERSONAL MESSAGE

_____

_____

_____

_____

GUEST NAME

_____

_____

PERSONAL MESSAGE

_____

_____

_____

_____

_____

GUEST NAME

_____

_____

PERSONAL MESSAGE

_____

_____

_____

_____

_____

GUEST NAME

_____

_____

PERSONAL MESSAGE

_____

_____

_____

_____

_____

GUEST NAME

_____

_____

PERSONAL MESSAGE

_____

_____

_____

_____

GUEST NAME

_____

_____

PERSONAL MESSAGE

_____

_____

_____

_____

GUEST NAME

_____

_____

PERSONAL MESSAGE

_____

_____

_____

_____

_____

GUEST NAME

_____

_____

PERSONAL MESSAGE

_____

_____

_____

_____

_____

GUEST NAME

_____

_____

PERSONAL MESSAGE

_____

_____

_____

_____

GUEST NAME

_____

_____

PERSONAL MESSAGE

_____

_____

_____

_____

GUEST NAME

_____

_____

PERSONAL MESSAGE

_____

_____

_____

_____

GUEST NAME

_____

_____

PERSONAL MESSAGE

_____

_____

_____

_____

GUEST NAME

_____

PERSONAL MESSAGE

_____

_____

_____

_____

GUEST NAME

_____

PERSONAL MESSAGE

_____

_____

_____

_____

GUEST NAME

_____

_____

PERSONAL MESSAGE

_____

_____

_____

_____

_____

GUEST NAME

_____

_____

PERSONAL MESSAGE

_____

_____

_____

_____

_____

GUEST NAME

_____

_____

PERSONAL MESSAGE

_____

_____

_____

_____

_____

GUEST NAME

_____

_____

PERSONAL MESSAGE

_____

_____

_____

_____

_____

GUEST NAME

_____

_____

PERSONAL MESSAGE

_____

_____

_____

_____

GUEST NAME

_____

_____

PERSONAL MESSAGE

_____

_____

_____

_____

GUEST NAME

_____

_____

PERSONAL MESSAGE

_____

_____

_____

_____

GUEST NAME

_____

_____

PERSONAL MESSAGE

_____

_____

_____

_____

GUEST NAME

_____

_____

PERSONAL MESSAGE

_____

_____

_____

_____

_____

GUEST NAME

_____

_____

PERSONAL MESSAGE

_____

_____

_____

_____

_____

GUEST NAME

PERSONAL MESSAGE

GUEST NAME

PERSONAL MESSAGE

GUEST NAME

_____

_____

PERSONAL MESSAGE

_____

_____

_____

_____

_____

GUEST NAME

_____

_____

PERSONAL MESSAGE

_____

_____

_____

_____

_____

GUEST NAME

_____

_____

PERSONAL MESSAGE

_____

_____

_____

_____

GUEST NAME

_____

_____

PERSONAL MESSAGE

_____

_____

_____

_____

GUEST NAME

_____

_____

PERSONAL MESSAGE

_____

_____

_____

_____

_____

GUEST NAME

_____

_____

PERSONAL MESSAGE

_____

_____

_____

_____

_____

GUEST NAME

_____

_____

PERSONAL MESSAGE

_____

_____

_____

_____

GUEST NAME

_____

_____

PERSONAL MESSAGE

_____

_____

_____

_____

GUEST NAME

_____

_____

PERSONAL MESSAGE

_____

_____

_____

_____

GUEST NAME

_____

_____

PERSONAL MESSAGE

_____

_____

_____

_____

GUEST NAME

_____

_____

PERSONAL MESSAGE

_____

_____

_____

_____

GUEST NAME

_____

_____

PERSONAL MESSAGE

_____

_____

_____

_____

GUEST NAME

_____

_____

PERSONAL MESSAGE

_____

_____

_____

_____

_____

GUEST NAME

_____

_____

PERSONAL MESSAGE

_____

_____

_____

_____

_____

GUEST NAME

_____

PERSONAL MESSAGE

_____

_____

_____

_____

_____

GUEST NAME

_____

_____

PERSONAL MESSAGE

_____

_____

_____

_____

_____

GUEST NAME

_____

_____

PERSONAL MESSAGE

_____

_____

_____

_____

_____

GUEST NAME

_____

_____

PERSONAL MESSAGE

_____

_____

_____

_____

_____

GUEST NAME

_____

PERSONAL MESSAGE

_____

_____

_____

_____

GUEST NAME

_____

_____

PERSONAL MESSAGE

_____

_____

_____

_____

GUEST NAME

_____

_____

PERSONAL MESSAGE

_____

_____

_____

_____

_____

GUEST NAME

_____

_____

PERSONAL MESSAGE

_____

_____

_____

_____

_____

GUEST NAME

_____

_____

PERSONAL MESSAGE

_____

_____

_____

_____

_____

GUEST NAME

_____

_____

PERSONAL MESSAGE

_____

_____

_____

_____

_____

GUEST NAME

_____

_____

PERSONAL MESSAGE

_____

_____

_____

_____

_____

GUEST NAME

_____

_____

PERSONAL MESSAGE

_____

_____

_____

_____

_____

GUEST NAME

_____

_____

PERSONAL MESSAGE

_____

_____

_____

_____

GUEST NAME

_____

_____

PERSONAL MESSAGE

_____

_____

_____

_____

GUEST NAME

_____

_____

PERSONAL MESSAGE

_____

_____

_____

_____

GUEST NAME

_____

_____

PERSONAL MESSAGE

_____

_____

_____

_____

GUEST NAME

_____

_____

PERSONAL MESSAGE

_____

_____

_____

_____

_____

GUEST NAME

_____

_____

PERSONAL MESSAGE

_____

_____

_____

_____

_____

GUEST NAME

_____

_____

PERSONAL MESSAGE

_____

_____

_____

_____

GUEST NAME

_____

_____

PERSONAL MESSAGE

_____

_____

_____

_____

GUEST NAME

_____

_____

PERSONAL MESSAGE

_____

_____

_____

_____

GUEST NAME

_____

_____

PERSONAL MESSAGE

_____

_____

_____

_____

GUEST NAME

_____

_____

PERSONAL MESSAGE

_____

_____

_____

_____

_____

GUEST NAME

_____

_____

PERSONAL MESSAGE

_____

_____

_____

_____

_____

GUEST NAME

_____

PERSONAL MESSAGE

_____

_____

_____

_____

_____

GUEST NAME

_____

_____

PERSONAL MESSAGE

_____

_____

_____

_____

_____

GUEST NAME

_____

_____

PERSONAL MESSAGE

_____

_____

_____

_____

_____

GUEST NAME

_____

_____

PERSONAL MESSAGE

_____

_____

_____

_____

_____

GUEST NAME

_____

_____

PERSONAL MESSAGE

_____

_____

_____

_____

GUEST NAME

_____

_____

PERSONAL MESSAGE

_____

_____

_____

_____

GUEST NAME

_____

_____

PERSONAL MESSAGE

_____

_____

_____

_____

_____

GUEST NAME

_____

_____

PERSONAL MESSAGE

_____

_____

_____

_____

_____

GUEST NAME

_____

_____

PERSONAL MESSAGE

_____

_____

_____

_____

_____

GUEST NAME

_____

_____

PERSONAL MESSAGE

_____

_____

_____

_____

_____

GUEST NAME

_____

_____

PERSONAL MESSAGE

_____

_____

_____

_____

GUEST NAME

_____

_____

PERSONAL MESSAGE

_____

_____

_____

_____

GUEST NAME

_____

_____

PERSONAL MESSAGE

_____

_____

_____

_____

_____

GUEST NAME

_____

_____

PERSONAL MESSAGE

_____

_____

_____

_____

GUEST NAME

PERSONAL MESSAGE

GUEST NAME

PERSONAL MESSAGE

GUEST NAME

_____

_____

PERSONAL MESSAGE

_____

_____

_____

_____

GUEST NAME

_____

_____

PERSONAL MESSAGE

_____

_____

_____

_____

GUEST NAME

_____

_____

PERSONAL MESSAGE

_____

_____

_____

_____

_____

GUEST NAME

_____

_____

PERSONAL MESSAGE

_____

_____

_____

_____

_____

GUEST NAME

_____

_____

PERSONAL MESSAGE

_____

_____

_____

_____

_____

GUEST NAME

_____

_____

PERSONAL MESSAGE

_____

_____

_____

_____

_____

GUEST NAME

_____

_____

PERSONAL MESSAGE

_____

_____

_____

_____

_____

GUEST NAME

_____

_____

PERSONAL MESSAGE

_____

_____

_____

_____

_____

GUEST NAME

_____

_____

PERSONAL MESSAGE

_____

_____

_____

_____

_____

GUEST NAME

_____

_____

PERSONAL MESSAGE

_____

_____

_____

_____

_____

GUEST NAME

_____

PERSONAL MESSAGE

_____

_____

_____

_____

_____

GUEST NAME

_____

_____

PERSONAL MESSAGE

_____

_____

_____

_____

_____

GUEST NAME

_____

_____

PERSONAL MESSAGE

_____

_____

_____

_____

_____

GUEST NAME

_____

_____

PERSONAL MESSAGE

_____

_____

_____

_____

_____

GUEST NAME

_____

_____

PERSONAL MESSAGE

_____

_____

_____

_____

_____

GUEST NAME

_____

_____

PERSONAL MESSAGE

_____

_____

_____

_____

_____

GUEST NAME

_____

_____

PERSONAL MESSAGE

_____

_____

_____

_____

_____

GUEST NAME

_____

_____

PERSONAL MESSAGE

_____

_____

_____

_____

_____

GUEST NAME

_____

_____

PERSONAL MESSAGE

_____

_____

_____

_____

_____

GUEST NAME

_____

_____

PERSONAL MESSAGE

_____

_____

_____

_____

_____

GUEST NAME

_____

_____

PERSONAL MESSAGE

_____

_____

_____

_____

_____

GUEST NAME

_____

_____

PERSONAL MESSAGE

_____

_____

_____

_____

_____

GUEST NAME

PERSONAL MESSAGE

GUEST NAME

PERSONAL MESSAGE

GUEST NAME

_____

PERSONAL MESSAGE

_____

_____

_____

_____

GUEST NAME

_____

_____

PERSONAL MESSAGE

_____

_____

_____

_____

GUEST NAME

_____

_____

PERSONAL MESSAGE

_____

_____

_____

_____

GUEST NAME

_____

_____

PERSONAL MESSAGE

_____

_____

_____

_____

GUEST NAME

_____

_____

PERSONAL MESSAGE

_____

_____

_____

_____

_____

GUEST NAME

_____

_____

PERSONAL MESSAGE

_____

_____

_____

_____

_____

GUEST NAME

PERSONAL MESSAGE

GUEST NAME

PERSONAL MESSAGE

GUEST NAME

_____

_____

PERSONAL MESSAGE

_____

_____

_____

_____

_____

GUEST NAME

_____

_____

PERSONAL MESSAGE

_____

_____

_____

_____

_____

GUEST NAME

_____

_____

PERSONAL MESSAGE

_____

_____

_____

_____

_____

GUEST NAME

_____

_____

PERSONAL MESSAGE

_____

_____

_____

_____

_____

GUEST NAME

_____

_____

PERSONAL MESSAGE

_____

_____

_____

_____

_____

GUEST NAME

_____

_____

PERSONAL MESSAGE

_____

_____

_____

_____

_____

GUEST NAME

PERSONAL MESSAGE

GUEST NAME

PERSONAL MESSAGE

GUEST NAME

_____

_____

PERSONAL MESSAGE

_____

_____

_____

_____

_____

GUEST NAME

_____

_____

PERSONAL MESSAGE

_____

_____

_____

_____

_____

GUEST NAME

_____

_____

PERSONAL MESSAGE

_____

_____

_____

_____

GUEST NAME

_____

_____

PERSONAL MESSAGE

_____

_____

_____

_____

GUEST NAME

_____

_____

PERSONAL MESSAGE

_____

_____

_____

_____

_____

GUEST NAME

_____

_____

PERSONAL MESSAGE

_____

_____

_____

_____

GUEST NAME

_____

_____

PERSONAL MESSAGE

_____

_____

_____

_____

_____

GUEST NAME

_____

_____

PERSONAL MESSAGE

_____

_____

_____

_____

_____

GUEST NAME

_____

_____

PERSONAL MESSAGE

_____

_____

_____

_____

_____

GUEST NAME

_____

_____

PERSONAL MESSAGE

_____

_____

_____

_____

_____

GUEST NAME

_____

_____

PERSONAL MESSAGE

_____

_____

_____

_____

_____

GUEST NAME

_____

_____

PERSONAL MESSAGE

_____

_____

_____

_____

_____

GUEST NAME

_____

_____

PERSONAL MESSAGE

_____

_____

_____

_____

_____

GUEST NAME

_____

_____

PERSONAL MESSAGE

_____

_____

_____

_____

_____

GUEST NAME

_____

_____

PERSONAL MESSAGE

_____

_____

_____

_____

_____

GUEST NAME

_____

_____

PERSONAL MESSAGE

_____

_____

_____

_____

_____

GUEST NAME

_____

_____

PERSONAL MESSAGE

_____

_____

_____

_____

_____

GUEST NAME

_____

_____

PERSONAL MESSAGE

_____

_____

_____

_____

_____

GUEST NAME

_____

_____

PERSONAL MESSAGE

_____

_____

_____

_____

_____

GUEST NAME

_____

_____

PERSONAL MESSAGE

_____

_____

_____

_____

_____

GUEST NAME

_____

_____

PERSONAL MESSAGE

_____

_____

_____

_____

_____

GUEST NAME

_____

_____

PERSONAL MESSAGE

_____

_____

_____

_____

Guest Name

_____

_____

Personal Message

_____

_____

_____

_____

_____

Guest Name

_____

_____

Personal Message

_____

_____

_____

_____

_____

GUEST NAME

_____

_____

PERSONAL MESSAGE

_____

_____

_____

_____

_____

GUEST NAME

_____

_____

PERSONAL MESSAGE

_____

_____

_____

_____

_____

GUEST NAME

_____

_____

PERSONAL MESSAGE

_____

_____

_____

_____

GUEST NAME

_____

_____

PERSONAL MESSAGE

_____

_____

_____

_____

GUEST NAME

_____

_____

PERSONAL MESSAGE

_____

_____

_____

_____

_____

GUEST NAME

_____

_____

PERSONAL MESSAGE

_____

_____

_____

_____

_____

GUEST NAME

_____

_____

PERSONAL MESSAGE

_____

_____

_____

_____

_____

GUEST NAME

_____

_____

PERSONAL MESSAGE

_____

_____

_____

_____

_____

GUEST NAME

_____

_____

PERSONAL MESSAGE

_____

_____

_____

_____

_____

GUEST NAME

_____

_____

PERSONAL MESSAGE

_____

_____

_____

_____

_____

GUEST NAME

_____

_____

PERSONAL MESSAGE

_____

_____

_____

_____

_____

GUEST NAME

_____

_____

PERSONAL MESSAGE

_____

_____

_____

_____

_____

PICTURE MEMORIES

PICTURE MEMORIES

Picture Memories

PICTURE MEMORIES

PICTURE MEMORIES

PICTURE MEMORIES

Made in the USA
Monee, IL
26 October 2022

16588040R00065